내가 내 몸의 주인이 아니었을 때

양해기 시집

시인동네 시인선 009

양해기 시집

내가 내 몸의 주인이 아니었을 때

시인동네

시인의 말

헝겊을 칭칭 감아두었지만 아무 소용이 없었다.

언 수도를 녹이기 위해선
애써 감은 헝겊을 다시 풀어내야만 했다.

신문지에 불을 붙여 목울대부터 꼭지까지
아래위로 훑으며 문질러댔다.

수도는 녹아주지 않았고
수도엔
다시 시커먼 그을음이 달라붙었다.

2014년 봄
양해기

내가 내 몸의 주인이 아니었을 때

차례

제1부

제2부

제3부

제4부

제1부

거울

철거를 기다리는
빈집에는

먼지를 뒤집어쓴
거울이 있다

거울은

꽃들의 슬픈 표정을
보관하고 있다

동굴

그녀와 헤어지고
동굴만 남은 사진을 들여다본다

폐광처럼 버려진 동굴
한때 기차가 다녔다던 동굴
서늘한 바람이 새나오는 동굴

사진 찍을 때
그녀가
잠시 들어가 있겠다던 동굴

선방에 들다

벽과 마주앉아 눈을 감는다

뒤에서
문풍지가 부스스 떨리다 간다

선방 밖
댓돌 위에 신발 한 켤레가 놓여 있다

지금
내 몸 밖에 누가 와 있다

수돗가

시멘트 바닥은
갈라진 나무 빨래판과 함께
말라가고 있다

그 옆엔
빈 개집이 있고

조금 더 떨어진 곳에
여름이 있었다

항아리

식당 앞에
뒤집힌 항아리들이
줄지어 늘어서 있다

항아리 안엔
그늘이 있고

그늘 안에는
아직
이 세상에 피지 않은
꽃들의 그림자가 들어 있다

어머니

개가 낑낑거린다
쓰다듬어주고 간식거리를 던져줘도
잠시 그때뿐
개는 계속해서 매달린다
개는 포기하지 않고 집요하게 졸라댄다

나는 도대체
개가 왜 저러는지
개의 눈을 들여다본다

고요한 우물 같은 개의 눈에는
희뿌연 무언가가 떠 있다
자세히 보니 한 사람의 얼굴
개가 전생에 사람이었던 얼굴이 들어 있었다
핏기 없는 여자의 얼굴이었다
그 얼굴은 내게 무슨 말을 하려는 것 같았다

나는 그녀의 입 모양을 살펴본다

나는 눈 속에 담긴 작은 눈빛을 살펴본다
그녀의 간절한 눈빛은
두고 온 아들을 향해 있었다
자신의 갑작스런 죽음과 함께 남겨진 어린 아들

그녀 손으로 생선가시를 발라주던 아들
그 아들 때문에 그녀는
그토록 생선이 놓인 밥상 옆을 기웃거렸던 것일까

순돌아 이리와 앉아
그녀에게 말을 걸어본다
그러자
그녀는 개의 옷을 벗고 뛰어나오려 한다
가죽을 벗기 위해 몸부림치는 그녀는

어릴 적 돌아가신
젊은 내 어머니의 모습을 몹시도 닮아 있다

시간의 틈

한동안 머물렀던 새의
체온과
울음과
어떤 망설임이
벚나무의 작은 이파리를 흔드는 동안

주위는 나와 함께
잠시 어두워져 있었다

낡은 운동화

신발 한 짝이
흙바닥에 버려져 있다

뒤집히면서도
신발은

어딘가를 향해 있었다

보따리

우리 엄마 손잡고
서울 올라올 때 함께 따라왔던
보따리

엄마가 반지하 공장으로 일 나갈 때
따라가던 분홍색 보따리

얼마 전까지
외할머니 수의가 들어 있던
보따리

물통

얼었던 물통이 녹으면서
식은땀을 흘리고 있다

얼음이
나 몰래 어디를 다녀왔다

화상

사내의 몸에는
이 세상에 없는 섬들의 지도가 그려져 있었다

소매 밖으로
녹은 피부가 들러붙어
매끈한 차돌처럼 번들거리기도 했고
융기된 곳엔
지나치게 흰 백사장이 드러나기도 했다

사내는 그 해변에 앉아
한동안 자신만의 어둡고 우울한 바다를 바라다보았을 것이다
그리고 사내는
그 섬에서 살아가는 방법을 익혀왔을 것이다

사람 대신 허공을 만져가며
외부를 향한 언어를 조금씩 잃어버리고 있었을 것이다

사내의 섬들은

사내가 움직일 때마다
사내의 살 속에서 떠다녔다

어깨 위로 섬이 나타났다가 모이고
모였다가는 다시 어딘가로 사라지곤 했다

사내는
누군가가 자신을 발견해주길 간절히 기다리며
자신을 태우고 있었는지도 모른다

섬 뒤로 숨어들어간 사람들을 향해
사내는 매운 연기를 피워내고 있었는지도 모른다

언청이

생고기집 벌어진 문틈으로
찬 겨울바람과 함께 뿌연 불빛이
들어오고 있었다

술기운이 돌자
그는
입에 작은 불빛을 물고 있었다

희미하지만 하얀 줄이
입안에서부터 새나오고 있었다

소신공양

고무조각이
매운 연기를 내며 타고 있었다

주변 나무들은
합장을 한 채 서 있었다

검은 고무조각은
타면서
수백 배 크기의
영혼으로 바뀌고 있었다

참새

골목길에
참새가 죽어 있었다

그날 밤 꿈속에서
죽은 참새가 사람이었던
전생의 얼굴이 찾아왔다

그는 지금껏
내가 한 번도 본 적이 없는 얼굴이었다

이마엔 반쯤 그늘이 있었고
그의 모습은
몹시 슬퍼 보였다

지네

땅바닥에
얇고 긴 그림자가 지나간다

그림자를 입고
몸통을 이끌고 가는

꼬리를 가진 것들에 대한
연민이
끊어지지 않는다

달팽이

평생 리어카를 끌어온 아버지
리어카와 한 몸인 듯
몸에 붙어 떨어지지 않았다

길가에 죽은 달팽이가
제 집 밖으로 빠져나와 있다

평생 끌고 다닌 집에서
처음으로 분리되어 있었다

노출된 하반신이
검게 타들어가고 있었다

제2부

물뱀

낡은 호스의 주둥이가
물비늘을 물고 있다

마른 시멘트 바닥에서
호스는
있는 힘을 다 쏟아낸 듯 늘어져 있다

나는 어릴 적
저 뱀으로 매를 맞아본 적이 있다

수도를 처음 틀었을 때처럼
호스는
허공에서 격렬하게 몸부림을 쳤었다

개미

개미가
제 덩치의 수십 배나 되는

몸뚱이가 빠져나간
매미의 껍질을 들고 가고 있다

한 번 땅에 닿은 걸
이제부터 땅에 닿지 않게 하려고
바짝 들어 올린다

공간과 시간

이 세상에 존재하는
모든 울음들은

어떤 공통의 공간을 가지고 있다

그 공간에서 울려나오는 슬픔은
저마다
다른 시간도 가지고 있다

외계인(外界人)

너는 먼 우주
아득한 외계에서 지금
이 세상으로 건너오고 있는 중이다

너는
가느다란 손마디와
덜 자란 뼈
갈라진 잇몸과는 달리
크게 발달한 두개골을 가지고 있다

작은 캡슐 안에서
불편하게 웅크리고 앉아
최소화된 기판을 조종하며
너는
이 세상을 향해
빛보다 빠른 속력으로 날아오고 있는 중이다

너는 방해 전파를 쏘아 보내며

너의 정체를 숨기려 하고 있다

때문에 초음파 사진 속에서도
너의 모습은
실금 그어진 흑백으로만 보여진다

쌍둥이자리 처녀자리 물병자리
별자리 사이를 지나
너는 우주의 끝자락에서
지금 이 세상을 향해 항해를 계속하고 있다

오랜 항해로 고장 난 기판을
발로 툭툭 차보며
진화를 거듭하며 다가오는 중이다

문신

그물에 걸린

숭어의 비늘을
칼등으로 거칠게 벗겨낸다

비늘이 벗겨지자
숭어 몸에 드러나는

선명한 그물무늬

개복숭아

개복숭아가 익었다

어디서 왔을지 모를 새카만 반점들을
뒤집어쓰고

솜털들을 세워가며
제 안에서부터
물러지며

개복숭아
혼자 익었다

얼룩무늬

계단 물청소를 하는데
얼룩이 묻어 있다

닦아도 잘 지워지지 않는 자국
자세히 보니
누군가 눌려 죽은 흔적이다

얼룩은 지워지지 않고
계단 위에서 떠올랐다

어두운 곳을 잘못 찾아 들어온
어떤 생명체가
왔던 곳으로 나가고 있다

눈과 팔다리, 허파가 뒤섞인 채
처음 들어왔던 문을 향해
떠가고 있다

모기

모기의 몸에서
내 피가 난다

벌레

어디론가 바삐바삐 가고 있는
저 작은 벌레도

오늘 나처럼
할아버지가 돌아가신 모양이구나

까치 2

문상 가기 위해
까치는

언제나
검은 옷을 입고 다닌다

시골집 개

빈 시골집
처마에 매달린 고드름이 녹아내린다

큰 개 한 마리가
마당에서 누군가를 기다리고 있다

안절부절 하던 개가
갑자기 털을 세운다
털에 묻은 물기를 온몸으로 털어낸다

이건 개가 우는 방식의 하나다
외로움을 달래는 방식의 하나다

지금껏
내가 살아온 방식의 하나다

새 발자국

눈 위에
새 발자국이 모여 있다

새 발자국들은
강 주위를 배회하다가 둔덕 위로 넘어갔다

새들은 왜 날개를 펴지 않고
걸어서
저 언덕을 넘었을까

추운 눈밭에서
종종걸음으로 뒤뚱거리며 걸어갔을

새들의 뒷모습이
한없이 슬퍼 보인다

두개골 화석

동굴 안에서 다수의 두개골 화석이 출토되었다

유골을 감싸고 있던 흙가루를 붓으로 털어내자
어둠을 저당 잡아온 동굴이
비로소 그 형체를 뱉어내기 시작했다
흩어진 팔과 다리뼈 조각들은
불에 그을린 듯 검은 빛을 띠고 있었고
긴 시간을 지나며
녹슨 투구처럼 얇아질 대로 얇아진 두개골 표면은
크고 작은 흉터들로 우글대고 있었다
뚫린 구멍의 테두리에서
파열음과 함께 찢겨져 나온
얇은 섬유질 두 가닥이
두개골 안쪽에 머리를 쑤셔 박은 채
계속해서 무언가를 뒤적거리고 있었다

이후 그들이라 불릴 누군가는
정수리에서 반 뼘쯤 되는 자리를 정확히 겨냥해

돌 찍개로 수차례 내려찍기 위해
자신이 살해한 사람의 얼굴을 비스듬히 돌려두었다
때문에 동굴에서 발견된 두개골은
모두 같은 자리에 구멍을 가지고 있었던 것이다
손가락 두 개가 들어가는 구멍 속에는
두부처럼 허연 뇌가 뇌수와 함께 출렁거렸고
손가락이 닿은 뇌에서
시린 신경다발 같은 노란 빛이 뿜어져 나왔다
강렬한 불빛은
차츰 그들의 눈을 퇴화시켰고
인간의 뇌를 파먹는
대물림 되던 오랜 식인의 이 관습으로 인해

죽어가는 자들이 마지막으로 바라보는 지점이 어딘지를
그들은 오랫동안 눈치채지 못했던 것이다

포클레인

운전기사가 자리를 비운 사이
포클레인에서 나온 녹이
바닥에 고인 물을 붉게 물들이고 있다

내가 내 몸의 주인이 아니었을 때
운전수인 내 영혼이 잠시 자리를 비웠을 때

빈 소주병 옆에서
나도 녹슬어 갔고

내 주위에도
저렇게 붉은 흙탕물이 모여들고 있었다

노숙자

지하철 한 모퉁이

옆으로 누워 있는 사다리에
먼지가 쌓이고 있다

발목에 채워진 자물통

발과 발 사이
사다리의 간격처럼

허공의 뼈가 들여다보이는
시간이

내게도 무수히 많았다

붕어

불었던 강물이 줄자
죽은 것들이 떠내려온다

숨을 멈추고도 한참 뒤에나
물 위로 떠올랐을
붕어

황톳물이 다 빠지고 나서
붕어는 물속에서
팅팅 불어 있었다

제3부

아기 관

성남 화장터
병원 구급차가 도착했다

작고 조그만 관이 옮겨지고

화장터 뒤편에서
유난히 하얀
연기가 뒤섞여 나온다

연기는
이제까지 내가 한 번도 본 적이 없었던
관 속 아이의 얼굴을
허공에 그려두고 있었다

인형 세우기

영은이가 인형을 가지고 논다

헝겊조각을 펴서
인형을 눕힌다

서 있을 때
눈뜨고
눕히면 눈을 감는다

일찍 돌아가신 엄마 대신
영은이는
오늘도 인형과 함께 놀고 있다

불안한 영은이는
자주 인형을 일으켜 세워본다

인형이
오래 눈감고 있지 못하게 한다

꼽추가 있는 세차장

꼽추가 차를 닦고 있다

차를 닦으며
뭔가를 중얼거리려 하고 있다

매끈한 등
깨끗하게 세차된
검정색 승용차 한 대가

등을 수그린 채
세차장을 빠져나간다

나팔꽃

나팔꽃이 피어난다

시든 장미 꽃대를 붙잡고
나팔꽃이 일어난다

나팔꽃의 그림자와
장미나무 줄기가 겹쳐진다

나팔꽃이 시든 나무를 문지른다
장미나무의 꽃대에 잠시 초록물이 돈다

겹쳐진 그림자에도
장미나무의 몸에도

한때 나팔꽃이 감겨 오르던 흔적이 있다
그 길을 더듬어 나팔꽃이 타고 오른다

재활치료를 받던 소아마비 아이가

골목길로 들어서면

나팔꽃이 담장 밖으로 마중을 나와 있다

눈 내린 새벽

밤새 눈이 내렸다
어머니가 찬밥에 김치를 담아
이른 새벽 공장에 가던
눈 쌓인
그 골목길이 생각났다

나는
어린 시절을 향해
방금 내린 눈을 뭉쳐 던졌다

아들을 잃은 여자의 선택

그해 얼음은 몇 번이고 얼었다 녹았다
얼었다 녹으며 얼음은 두꺼워져 갔다
얼음이 깨지는 소리는
알 수 없는 방향으로 갈라졌다
얼음 밑은 두려움과 망설임으로 가득했다

소리는 쉽게 강 밖으로 빠져나오지 못했다
얼음은 제 가슴을 치며 속울음을 먼저 울었다
그리고는 곧 지쳐 쓰러졌다

경험하지 못한 슬픔이 강바닥 깊은 곳부터
퇴적물을 만들어 갔고
갈 곳 없는 소리가 짙어진 바닥을 헤집고 다녔다

얼음 속 물결은
끊어지지 않는 노끈을 만들고 있었다

11차원

시간이 녹는다
시간이 뒤엉켜 흐른다

심하게 뒤틀린 공간은 파도치며
튀어 오른다

시간이 거칠게 왜곡된다

나는 하나면서 동시에 여럿이다
나는 여기 있으면서도
여기에 없다
아니 어쩌면 나는
이미 여기에 와 있었기도 하다

나는 바로 옆
겹유리에 존재하는
누군가를 인지하지 못한 채 살아간다

수초

물속에서
애써 공기방울을 매달던
수초가

물 밖으로 나오면서
이번엔
물방울들을 데리고 나온다

애호박

잠이 잘 오지 않았다

밤새 담 옆에서
하수도 위에서

아이 하나가 울고 있었다

4층 4학년 4반

모과나무가 교실 안을 들여다본다

방과 후 엷은 햇살이 비추는 교실
분필가루가 가라앉지 않고 떠돌며 놀고 있다

국화꽃이 놓여 있던 자리에
못생긴 모과가
붉게 익은 모과가
햇빛에 달구어진 모과가

햇빛을 따라 교실 안으로 들어가고 있었다

종이와 총알

초고속카메라로 보면
모두가 최면에 걸린 듯 정지해 있는데
총알이
종이과녁을 향해 빠르게 다가가는 게 보인다

가까스로 최면에서 깨어난 종이

종이는
모서리 곳곳에 숨은 힘을 모조리 끌어 모아
총알을 막아선다
팔랑대던 한 장의 종이가
총알이 몸에 닿는 순간
온몸이 시멘트덩이처럼 굳어진다

갑자기 두꺼운 벽과 마주한 총알은
벗어날 출구를 찾기 바쁘다
아주 짧은 순간 총알은 절망한다

종이는 한 번 걸려든 총알을 쉽게 놓아주지 않는다
종이는 총알을 이리저리 굴려보다가 킁킁 냄새 맡다가
가장 민감한
총알이 가진 시간을 슬쩍 결박해보기도 한다

결국 총알은
종이가 한참 뒤에나 열어준 구멍 하나를
간신히 통과해 간다

홍시

마당에 서 있던 감나무에
붉은 등이 켜졌다

내 어머니가
이 세상을 떠나던 날

슬픔으로 내어 걸리던 조등(弔燈)
긴 신음소리 끝에
물방울들과 함께 매달리던 등불

내가 아는 누군가가
지금
이 세상을 떠나고 있다는 거다

공터

공터에 시소가 놓여 있다

그 옆에서
바람이 그네를 타고 있다

마른 잎들이 시소 주위를 배회한다

관절이 아픈지 삐걱거린다

누구의 소리인지 모른다
시소와 그네 그리고
어떤 아픈 사람이 다녀갔는지

방바닥

자동차를 타고 가다보면
문득 내려
내 발로 직접 밟아보고 싶은 땅이 있다

내 방 안에는
아직 내가
걸어보지 못한 바닥이 있다

자살

지구상의 모든 초능력자들이 모여
같은 시간 한곳에 정신을 집중한다 해도
고요하게 서 있는 깃털 하나 움직일 수 없다

하지만 때로
한 사람의 마음은
세상 전체를 태워버릴 수도 있다

무한한 우주 공간과 시간 전체를
처음으로 되돌려 보내버릴 수도 있다

황사

함께 놀던 아이들이
모두 집으로 돌아가고

바람이 이발소 간판을 마구 흔들었다

길 한복판에서
고무다라이가 뒤집혀지고 있다

저 흙먼지는 내 머릿속에도 있다

나는
아무도 달래주지 않는
울음을 운 적이 있다

제4부

그림자

내 몸에서 흘러나온
오래된 분비물들을

나는 아직 닦아내지 못하고 있다

재숙이 누나

얼굴에 큰 점이 있던 재숙이 누나
얼굴의 반을 뒤덮은 검은 점 안에
무언가가 돋아나 있던 재숙이 누나
사람들을 만날 때
죄인처럼 얼굴을 숙이고 있던 재숙이 누나
친한 사람들 앞에서는
그래도 수줍게 얼굴을 들던 재숙이 누나
얼굴은 들어도 말은 잘 하지 않던 재숙이 누나
얼굴은 들어도 시선은 계속 아래를 향하던 재숙이 누나
말을 하면 사람들이 얼굴을 쳐다볼까봐
얼굴에 묻은 얼룩을 쳐다볼까봐
하고 싶은 말이 있어도 계속 듣고만 있던 재숙이 누나

남들이 하는 말을 듣고 있다가
다른 사람들이 웃을 때만 함께 따라 웃던 재숙이 누나
남들한테 눈에 띄는 행동을 하지 않으려고
애쓰던 재숙이 누나
언제나 다른 사람들 기분에 맞춰주던 재숙이 누나

오래전부터 알고 지냈지만
한 번도 먼저 알은 체를 해오지 않았던 재숙이 누나
우리 누나의 친한 친구였던 재숙이 누나

아무 잘못도 저지른 것이 없는데도
요즘도 우리 동네 골목길 사이사이
얼굴에 묻은 그늘보다 더 짙은 점을 밟으며
남들 눈에 띄지 않는 곳만 골라
재래시장에 가고 있는 재숙이 누나

낙천적인 사람

광대뼈보다 더 튀어나온 눈
기형의 골격을 가진 사람이 지나간다

지나가다 돌아보는 옆모습이 웃는다
눈꼬리가 내려와서 웃는다

웃을 일이 아무것도 없는데
사내는 웃는다
웃고 있는 표정을 가진 사내가
웃는다

누구의 장례식장에 가거나
많이 아파도
웃을 수밖에 없는 표정을 가지고 있어서

사실 알고 보면
매일 울고 있는 사내가
옆으로 웃으며 지나간다

머루포도

외국에서 시집온
여자가
머루포도를 딴다

검은 피부의 그녀는
머루를 머루덩굴에서 떼어낸다

여자 뱃속의 아이는
벌레 먹은 머루들처럼
육 주를 넘기지 못하고 버려졌었다

막국수

춘천막국수 집 앞에는
자갈이 깔려 있었고
자갈이 끝나는 곳에 코스모스가 피어 있었다

목이 길고 가늘어
애절한 눈망울의
그녀가 곁에 와 있는 것 같았다

새 울음소리가
국수 그릇 안에서 끊어지지 않았다

마음이
수백 가닥 막국수처럼
뒤엉켜 있었다

사육장

언제부턴가

나는 나를
우리 안에 가두고 있었다

나는 나를
내 몸속에서 사육하고 있었다

사육장 바닥은
배설물들로 지저분해졌다

속도

우리 주변엔
미쳐 날뛰는 속도가 있다

시속 10만 킬로로 태양주위를 도는 속도
시속 1천 킬로로 팽이처럼 도는 속도

그리고 우리도 모르게
우주의 중심에서 밖으로 멀어지는
엄청난 양의 속도들

X Y축 방향도 제각각
달궈진 솥단지에서 콩 튀듯 제 맘대로 튀어나가는 속도
속도 안에서도 불규칙한 속도
저희들끼리 충돌하는 속도
하지만 가만히 목을 간질이면
얌전히 앉아서 꼬리를 흔드는 속도
고삐를 잡고 올라타려 하면 양발을 들고 미쳐 날뛰는 속도
더운물에 몸을 담그고 눈을 감으면

뭐 하나 와서 기웃거리는 속도
코골고 자는 척하면 바로 눈앞까지 와 있는 속도
실눈 뜨면 눈이 마주쳐 달아나는 속도
공처럼 돌아다니다가 아무도 안 보면
물처럼 흘러 다니는 속도
어머니 관절염 안에 고여 있던 속도
퉁퉁 부어 있던 속도
시간을 매질하던 속도
속도 안에서 사랑하고
속도 안에서 후회하며 살게 되는 속도
시간이 지나면 결국 혼자 남게 되는 속도
요양원 휠체어에 앉으면 대면하게 되는
녹슨 속도

손 발자국

버스 유리창 입김 위에
조그만 아기 발바닥이 그려져 있다

자라다만 태아를 긁어내고
돌아오는 버스 안에서
여자는 애써
어떤 모습을 기억해내려 했었다

그녀는
손을 오므려 발을 그리고
손가락으로 초음파 사진 속 생기다만
아이의 발가락을 찍어 넣었다

부끄러운 손

어린 시절
가게에서 과자를 훔쳐내던 손

엄마를 땅속에 묻고
힘없이 축 늘어져 돌아오던 손

얼마 지나지 않아
술집 여자의 사타구니를 헤집고 다니던 손

부정한 돈을 몰래 호주머니에 넣고
화장실에서 꺼내 다시 세어보던 손

상추쌈을 싸서 욕심껏 입속에 밀어 넣던 손

사람을 처음 만날 때
그러고도 자신 있게 먼저 나가 악수를 청하는

손이, 내 몸 밖에 매달려 있다

수혈

병원 침대에 누워 피를 받는다 허공에 매달린 검붉은 주머니에서 긴 호스를 타고 내 팔로 피의 색이 발그레 상기되며 주입된다 피 주머니의 더운 피가 반쯤 내 몸에 들어왔을 때 난 어지럼이 사라지고 해탈한 듯 마음이 편안해지기 시작했다 나는 병원 천장 흰 벽을 올려보고 누워 따뜻한 이 피 주인의 삶을 천천히 들여다보기로 한다

피의 주인은 청순한 외모에 희고 가느다란 종아리를 가진 심성이 고운 여자였다 하지만 피에 녹아 있는 아픈 기억도 보인다 이유는 모르지만 그녀는 부모의 얼굴도 모른 채 시골 큰아버지 집에서 키워졌다 초등학교 5학년 어느 날 학교에서 돌아오다 자갈밭에서 동네 어른들한테 재갈이 물린 채 성폭행을 당했다 극심한 고통을 견디려 애쓰다 그만 잘못 혀를 깨물어 그 이후 말을 잘 못하게 되었다 큰집에서 쫓겨난 그녀는 변두리 다방과 사창가 그리고 섬들로 팔려 다녔다 사는 게 싫어져 그녀는 몇 번이고 여린 손목에 날카로운 칼을 갖다 댔다 그녀는 미아리 가난한 산동네 선술집까지 흘러들었다 이미 세상을 버렸던 그녀의 마음엔 성모마리아처럼 부처처럼 고귀한 어떤 것들이 들어

와 있었던 것일까 그녀는 한쪽 팔이 없는 장애인이나 애꾸를 가리지 않고 모든 남자들을 거리낌 없이 받아들였다 그녀는 언제 어디서나 남자들이 원하는 대로 하자는 대로 몸을 맡겼다 어느 날 손님들 중 처음으로 정을 느꼈던 한 사람 그 기억이 있는 지점에서 그녀의 피는 유난히 더운 열기를 내뿜고 있었다 핏속의 기록으로 보면 지금쯤 그녀는 어느 섬을 향해 또다시 배를 타고 있다

수혈을 다 끝냈지만 나는 오랜 시간 묵언으로 결가부좌를 틀었던 것처럼 마치 내 혀를 깨물린 것처럼 아무 말도 할 수 없었고 마비된 다리도 움직이지 못하고 있다

요양원

몸을 가누지 못하는
할머니들
기저귀를 차고 있다

이가 다 빠져
우유와 죽을 빨아먹고 있다

돌보는 손길 없이는
아무것도 할 수 없는 아기처럼

마치 이 세상에
맨 처음 왔을 때
그때처럼

먹

맑은 물을 붓고 먹을 간다
더 이상 검어질 수 없는
그림자들이 먹의 발끝에서 흘러나온다

내가 살아온 날이
좁은 벼루 안에서
제자리걸음을 반복하는
한 자루
저 먹과 같다는 생각에 이르자

마음이 먹먹해진다

때까치 그리기

때까치 한 마리가
내 손끝에서 저항하며 길길이 날뛴다
고개를 비틀며 벗어나려 애쓰다
부리로 내 손을 쪼아대기 시작한다

까치는 좀처럼 길들여지지 않는다

나는
까치의 흰색 날갯죽지까지 강제로 비틀어
도화지 속에 구겨 넣었다

결국
고개를 비스듬히 돌린 상태로
웅크리고 힘을 모으고 있는 상태로
까치는,
엉거주춤 그려졌다

문과 문틀

긴 장마가 지고
문과 문틀이 어긋나기 시작했다
습기에 길들여진 문틀은
탄성의 힘을 가진 채 휘어지기 시작했다

용수철처럼 힘을 비축한 문틀은
변심한 애인처럼 생각을 바꿔나갔다

힘주어 닫아보려고 밀어보아도
3차원 휘어진 공간처럼
문틀은 끝없이 저항하는 어떤 힘을 가지고 있다
문틀은 사라지지 않는 중력처럼
영원한 힘을 가져버렸다

바둑판처럼 반듯한 2차원 문은
다른 세계로 가버린 문틀 앞에서
몸을 비틀어 보려고 애를 쓰고 있었다

빈집

겨울을 견딘
배나무들이 검게 타들어간 가지를 들어
자꾸 한곳을 가리키려 한다

강 건너 빈집
눈 녹은 물이 새고 있다

해설

비어서 스스로 말하는 것들의 아름다움

이승희(시인)

본다, 가만히 바라본다

우리는 똑같은 풍경을 보아도 서로 다르게 반응하고 생각한다. 마찬가지로 같은 사물을 대할 때도 마찬가지이다. 그것은 보는 이의 기억의 층위가 다르기 때문이다. 보는 곳이 다르고 닿는 곳이 다르기 때문이다. 따라서 무엇을 보고, 무엇을 시적 대상으로 하든 그것은 그것 자체로 이미 시인의 세계를 가장 크게 보여주는 바탕이 될 수밖에 없다. 특히 양해기 시인에게 있어서 사물은, 그 시적 대상은 별로 말이 없다. 많은 말을 하지 않는다.

시인은 어떤 사물을 바라본다. 아무 말 없이 가만히 바라본다. 그 바라봄만으로 건네는 말이 있고 받아들이는 말이 있다.

마음속의 말들을 서둘러 건네지 않고 오히려 집착을 끊음으로써 사물이 스스로 드러나게 하는 일. 그렇게 비워진 대상이 이제 시인에게 건네는 말은 그러므로 일방향이 아니라 이심전심으로 읽어주는 마음이라고 할 수 있다.

그렇게 서로의 보이지 않는 마음에 손을 얹는다. 그리고 가만히 침묵한다. 그렇게 생겨난 침묵이 오래도록 말한다. 오래도록 말하도록 가만히 둔다. 그것이 양해기 시의 미덕이 아닐까 싶다.(사족이지만, 양해기 시인의 성품도 그러하다. 따뜻한 시선으로 가만히 바라보기, 그리고 그 바라봄으로 안아주고 건네는 말들이 있다. 그런 것을 느끼고 들었던 적이 있다. 이 또한 양해기 시인의 미덕이라고 생각한다)

양해기 시인의 두 번째 시집에서 만나는 시편들은 일단 짧고 간결하다. 그리고 쉽다. 쉽다는 말은 조금 생각해볼 필요가 있다. 근래의 우리 시가 얼마나 어려운지를 이야기하려는 것이 아니다. 길어지는 것에 대해 말하려는 것도 아니다. 그것은 그것대로의 의미를 찾아가는 작업일 것이다. 다만 그것이 주류처럼 인식되는 것에는 불만이 많지만 그 또한 접어둘 일이다. 쉽다고 쉽게 읽히는 게 아니다. 안이한 접근과도 거리가 멀다. 안이하다면 그것은 쉬운 시가 아니라 좋지 않은 시이기 십상이다. 쉽게 읽히지만 그 뒤에 남는 여백의 깊이. 그것이 깊고 멀수록 좋다. 시의 울림이란 그런 것이 아니겠는가. 그렇다. 중요한 것은 시의 울림이고 그것의 깊이일 것이다. 어떤 면에서 짧은 시 쓰기는 그만큼 더 어렵다. 그것은 시적 긴장감을 잃지 않아야 한다는 점에서 그렇다.

이러한 형태의 짧고 간결한 구성은 시인의 첫 시집에서 이미 선보인 바 있다. 시집의 평문을 쓴 권채린 평론가는 "화자의 주관적 관점이 거의 드러나지 않는 시선의 이동과 관찰을 요체로 한다"며, "화자의 존재는 감지되지만 화자의 시적 개입은 최소화되어 있는 경우가 대부분"이라고 하였다. 이 같은 경향은 이번 시집에서도 고스란히 드러난다. 오히려 그 간결함이 첫 시집에 비해 훨씬 더 나아가고 있다. 특히 주목할 것은 단순하게 보이는 것의 너머, 보이는 것이 감추고 있는 보이지 않는 것 속으로 시인의 시선이 집요하리만큼 파고들고 있다는 것이다. 그러나 그 방법이 소란스럽지 않으며 건조하고 정직하다. 건조한 시선의 뒤편으로 시인이 결국 드러내고자 하는 세계는 그래서 깊고 아득하다. 이는 상당 부분 언어의 긴장과 함축에서 비롯되는 것이기도 하지만 그보다는 세계를 보는 시인의 눈이 보이는 것이 아닌 보이지 않는 것을 통해 말하려고 하는 그 빈 공간의 여백 때문일 것이다.

철거를 기다리는
빈집에는

먼지를 뒤집어쓴

거울이 있다

거울은

꽃들의 슬픈 표정을
보관하고 있다

—「거울」 전문

단순 명료하다. 그만큼 감각적인 통찰이 구체적으로 다가온다. 이 시의 서사는 간결하다. 철거를 기다리는 빈집이 있고, 그 빈집에 버려진 채 먼지를 뒤집어쓴 거울이 있다. 철거를 기다리는 집은 분명 어딘가 몸이 기울고, 낡았을 것이고, 창문도 좀 깨어져 있을지 모른다. 사람들이 떠나간 집이 보여줄 수 있는 을씨년스러운 모습은 얼마나 쓸쓸할까 싶은데, 집에 대해서는 한마디도 거들지 않는다. 그냥 바라본다. 시인의 시선은 그 집이 아니라 그 집에 버려진 낡은 거울에 닿는다. 그리고 건조하게 말한다. 그 거울은 "꽃들의 슬픈 표정을/보관하고 있다"고. 날마다 식구들이 얼굴을 비춰봤을 거울, 집의 역사와 가족사를 고스란히 지켜봤을 거울을 통해 거슬러 한 가계의 뭉클함을 보여준다.

시인은 어떤 풍경을 보면서 바로 그 중심으로 들어간다. 단순히 짧다는 문제가 아니라 시적 긴장감을 높이는 동시에 거슬러 말하지 않은 것들을 읽고 난 뒤의 잔상처럼 울림으로 보여준다. 「항아리」라는 시도 이와 비슷하다. "식당 앞에/뒤집힌 항아리들이/줄지어 늘어서 있다//항아리 안엔/그늘이 있고//그늘 안에는/아직/이 세상에 피지 않은/꽃들의 그림자가 들어 있다" 3연 10행의 비교적 짧은 시지만 시인의 눈은 보이지 않는 것에 집중하고 있다. '뒤집힌 항아리의 그 안'에 주목하고, '그 안'에 '아직 피지 않은 꽃들의 그림자'를 생각한다. 이처럼 시인의 시선은 바라봄을 통해 지금 여기가 아니라, 지금 여기를 있게 한 과거나, 지금 여기를 통해서 생겨날 수도 있는 너머의 세계를 바라본다. 이와 관련하여 주목할 만한 시가 있다.

초고속카메라로 보면
모두가 최면에 걸린 듯 정지해 있는데
총알이
종이과녁을 향해 빠르게 다가가는 게 보인다

가까스로 최면에서 깨어난 종이

종이는
모서리 곳곳에 숨은 힘을 모조리 끌어 모아
총알을 막아선다
팔랑대던 한 장의 종이가

총알이 몸에 닿는 순간
온몸이 시멘트덩이처럼 굳어진다

갑자기 두꺼운 벽과 마주한 총알은
벗어날 출구를 찾기 바쁘다
아주 짧은 순간 총알은 절망한다

종이는 한 번 걸려든 총알을 쉽게 놓아주지 않는다
종이는 총알을 이리저리 굴려보다가 킁킁 냄새 맡다가
가장 민감한
총알이 가진 시간을 슬쩍 결박해보기도 한다

결국 총알은
종이가 한참 뒤에나 열어준 구멍 하나를
간신히 통과해 간다

—「종이와 총알」 전문

시인의 시선은 곧 시인의 세계관을 드러낸다. 시인은 이 시를 두고 "우리가 눈으로 보고 있는 세상을 믿어서는 안 된다. 인간의 눈이 보는 범주와 귀가 듣는 범위는 제한적이다"고 말한 바 있다. 더불어 "양자의 세계엔 불확정성의 원리가 작용한다. 전자는 하나이면서 수천 개가 동시에 존재하기도 한다. 현재이기도 하고 과거이면서 미래이기도 하다"는 것. 또 다른 시 「11차원」을 보면 "나는 하나면서 동시에 여럿이다/나는 여기 있으면서도/여기에 없다/아니 어쩌면 나는/이미 여기에 와 있었기도 하다//나는 바로 옆/겹유리에 존재하는/누군가를 인지하지 못한 채 살아간다"라고 불확정성 속의 존재의 불안과 지금 여기의 '나'라는 존재에 대한 인식을 분명히 하고 있음을 보이기도 한다.

결국 시인은 어떤 시적 대상을 대할 때 기본적으로 드러난 그것보다는 보이지 않는 것의 세계를 자신이 닿는 지점으로 설정하고 있다. 물론 이것은 모든 문학에서 그러하다. 다만, 놓인 상황, 바라보는 시선에 따라 보이지 않는 세계의 배경도 달라질 것이므로 중요한 것은 그것을 통해 시인이 보려는, 보고 싶어 하는 세계에 있다. 또한 그것에 접근해 가는 방식의 차이도 중요하다. 여기에 양해기 시인의 미덕과 특징이 있다.

시인이 바라보는 것들, 그런 결핍의 세계

이번 시집에서 시적 대상으로 삼은 사물들을 보면, 거울, 물통, 동굴, 항아리, 황사, 보따리, 낡은 운동화 등으로 다양하고, 수돗가, 언청이, 참새, 지네, 달팽이, 개복숭아, 노숙자, 그림자, 사육장, 요양원 등 소재들 대부분이 주변에서 흔하게 접할 수 있는 구체적인 것들이다. 시인은 그런 구체성 속에는 어떤 결핍이 만들어내는 세계를 보는 동시에 그 결핍의 세계를 자신만의 방법으로 드러내는 데 성공하고 있다.

양해기 시인은 그 세계에 대하여 일정한 거리를 유지한 채 짐짓 바라보기만 하기도 하고, 그것을 자신인 양 안쓰러운 마음으로 바라보기도 한다. 그런가 하면 그 중심 속으로 슬쩍 손을 밀어 넣기도 할 만큼 대상과의 거리가 비교적 자유롭다. 그것은 그만큼 그 대상에 대해 집중한 결과일 것이다. 더불어 중요한 것은 어떤 측은지심과 같은 시선이다. 이 또한 새삼스러운 것이라 할 수는 없으나, 근래의 우리 시는 너무나 자신을 앞세우는 경향이 강하고 측은지심의 마음도 잘 보이지 않는 것 같다. 참으로 시인이란 그 마음의 발로에서 꼭 필요한 마음의 자세가 바로 이것이라고 생각하는 입장에서 볼 때 양해기 시인에게서 느껴지는 그런 시선이 더없이 따뜻하고 귀하다고 느끼는 이유가 이 때문이다. 시인의 이런 시적 심성은 거의 모든 시편들에서 볼 수 있다. 이런 자세가 시적 대상과의 거리에서 어느 정도 자유로울 수 있고, 그런 자유로움을 통해 보다 더 쉽고 정확하게 중심에 닿을 수 있다고 생각된다. 그것은 기교가 아니라 진심이 주는 힘이다. "땅바닥에/얇고 긴 그림자가 지나간다//그림자를 입고/몸통을 이끌고 가는//꼬리를 가진 것들에 대한/연민이/끊어지지 않는다"(「지네」)거나 혹은 "골목길에/참새가 죽어 있었다//그날 밤 꿈속에서/죽은 참새가 사람이었던/전생의 얼굴이 찾아왔다//그는 지금껏 내가 한 번도 본 적이 없는 얼굴이었다//이마엔 반쯤 그늘이 있었고/그의 모습은/몹시 슬퍼 보였다"(「참새」). 이처럼 가능한 풍경을 배제한 채 비교적 직접적으로 메시지를 담아내고 있는가 하면, "시멘트 바닥은/갈라진 나무 빨래판과 함께/말라가고 있다//그 옆엔/빈 개집이 있고//조금 더 떨어진 곳에/여름이 있었다"(「수돗가」)처럼 자신을 가능한 개입시키지 않으면서 사물의 이미지를 최대한 멀리까지 끌고 가기도 한다.

신발 한 짝이
흙바닥에 버려져 있다

뒤집히면서도
신발은

어딘가를 향해 있었다

— 「낡은 운동화」 전문

이 시 또한 낡은 운동화 한 짝이 버려져 있는 상황을 건조하게 바라보고 있다. 주변 풍경을 극도로 절제하면서 그 절제의 마지막을 최대한 열어둠으로써 최대치의 의미 확장을 보이고 있다. 이처럼 중심을 길게 늘이거나 한순간 최대치로 끌어감으로써 시는 긴장감을 얻게 되고, 그만큼 울림도 깊어진다. 겉으로 드러난 결핍의 세계가 무언가의 의미로 뭉클하게 차오르는 느낌. 이것은 시적 긴장감과 함께 시인의 시선이 주는 힘의 결과일 것이다. 사회적 약자(언청이, 노숙자, 꼽추가 있는 세차장, 재숙이 누나 등)를 비롯하여 일반적인 기준으로 봤을 때 결핍으로 비춰질 수 있는 풍경이나 사물들에 대해서 양해기 시인이 갖고 있는 혹은 보고자 하는 세계는 그 결핍이 빚어내는 아름다운 힘이다. 그러나 그러한 세계 인식만큼이나 중요한 것은 그것이 시적 긴장감을 잃지 않으면서 끝까지 살아서 울림으로 전해진다는 데 있을 것이다.

나라는 사물, 사물이라는 나

앞서 살펴본 양해기 시인의 시편들은 주변에서 흔하게 존재하는 사물과 현상을 간결하게 보여주면서 그 이면의 결핍에 대해 새로운 세계를 보여주는 데 집중하는 모습을 보였다. 더불어 자신의 말을 최대한 절제하는 건조한 시선을 통해 시인이 그려내는 시적 세계의 풍경은 구체적인 물질성을 띠는 동시에 선명한 감각을 보여준다. 하지만 후반부 몇몇의 시편들에서는 건조한 시선은 그대로 유지하면서 시적 대상을 육화시키거나 존재에 대한 불안으로 스스로를 사물화시키는 듯한 모습을 보이기도 한다.

함께 놀던 아이들이
모두 집으로 돌아가고

바람이 이발소 간판을 마구 흔들었다

길 한복판에서
고무다라이가 뒤집혀지고 있다

저 흙먼지는 내 머릿속에도 있다

나는
아무도 달래주지 않는
울음을 운 적이 있다

—「황사」 전문

풍경이나 시적 대상에 대한 절제나 건조한 시선을 그대로 유지하면서 슬쩍 사물 속으로 시인이 끼어들고 있다. 동일화라기보다는 시적 대상과의 거리를 최소한으로 유지한 채 자연스럽게 동일시함으로써 사물의 특성과 구체성을 정서적 관념을 구체화시키고 있는 것이다. 이 둘의 교묘한 결합은 억지스럽지 않고 오히려 이미지를 보다 선명하게 한다. 이보다 더 간결하게 배경을 배제하면서 같은 효과를 보이는 시도 있다. "내 몸에서 흘러나온/오래된 분비물들을//나는 아직 닦아내지 못하고 있다"(「그림자」). 그림자는 숙명적으로 안고 가야 할 존재인 동시에 나이면서 내가 아닌 것이고 보면, 시인의 시선이 내면을 향할 때조차도 건조한 시선이 유지된다는 점은 주목할 만하다.

> 맑은 물을 붓고 먹을 간다
> 더 이상 검어질 수 없는
> 그림자들이 먹의 발끝에서 흘러나온다
>
> 내가 살아온 날이
> 좁은 벼루 안에서
> 제자리걸음을 반복하는
> 한 자루
> 저 먹과 같다는 생각에 이르자
>
> 마음이 먹먹해진다

—「먹」 전문

일상의 사소함에서 찾는 삶에 대한 통찰은 사실 많은 말을 필요로 하지 않는다. 그것은 직관으로 닿는 것이지 말로써 닿는 것이 아니기 때문이다. 이를 통해 시인은 사물의 이면을 보는 일은 드러난 것을 부정하는 일이 아니라 더욱 풍성하게 하는 일이

라는 것을 보여주고 있으며, 그것을 새삼 느낌으로써 세상의 어떤 결핍도 그것이 결핍으로만 존재하지 않는다는 것을 말해준다. 양해기 시인의 시가 주는 힘과 미덕이다. 더불어 그것을 드러내는 과정에서 보여주는 구체적인 감각과 의미망은 오래 곱씹을수록 따뜻하고 묵직하다.

마지막으로 읽어 보는 시 「개미」는, 개미의 일상적인 모습을 보면서 시인이 느끼는 삶의 신성함과 무거움을 간결하고 단정하게 얹고 있다. 그것은 요설을 거부하고 자신만의 시적 방법으로 우직하게 한걸음을 내딛는 시인의 모습 같아서 읽는 내내 행복했다. 건조하면서도 조곤조곤한 응시, 그러나 그 안에 담긴 시인의 눈길은 이처럼 한없이 따뜻하고 고운 결을 가졌다.

개미가
제 덩치의 수십 배나 되는

몸뚱이가 빠져나간
매미의 껍질을 들고 가고 있다

한 번 땅에 닿은 걸
이제부터 땅에 닿지 않게 하려고
바짝 들어 올린다

—「개미」 전문

이 도서의 국립중앙도서관 출판시도서목록(CIP)은 서지정보유통지원시스템 홈페이지(http://seoji.nl.go.kr)와 국가자료공동목록시스템(http://www.nl.go.kr/kolisnet)에서 이용하실 수 있습니다. (CIP제어번호: CIP2014008881)

시인동네 시인선 009

내가 내 몸의 주인이 아니었을 때

© 양해기

초판 1쇄 인쇄 2014년 4월 5일
초판 1쇄 발행 2014년 4월 11일

지은이 양해기
펴낸이 김석봉
책임편집 이현호
디자인 조동욱
펴낸곳 문학의전당
출판등록 제311-2012-000043호
주소 서울시 은평구 연서로11길 7-5 401호
편집실 서울시 마포구 마포대로 127, 413호(공덕동, 풍림VIP빌딩)
전화 02-852-1977
팩스 02-852-1978
블로그 http://blog.naver.com/mhjd2003
전자우편 sbpoem@naver.com

ISBN 978-89-98096-71-7 03810

* 이 시집은 〈2014 아르코 문학창작기금〉을 지원받아 제작되었습니다.